JN410921

# 언젠가

문화인 시집

인지
생략

들꽃시선 121
언젠가

지은이/문화인
펴낸이/문창길
초판인쇄/2013년 11월 10일
초판펴냄/2013년 11월 15일
펴낸곳/도서출판 들꽃
주 소/100-273 서울 중구 필동3가 28-1 서울캐피탈빌딩 B202호
전 화/02)2267-6833, 2273-1506
팩 스/02)2268-7067
출판등록/제2-0313호
E-mail:dlkot108@hanmail.net

값 8,000원
* 파본된 책은 바꾸어 드립니다.

ISBN 978-89-6143-170-5 04810
ISBN 978-89-951327-0-8(세트)

들꽃시선 121

# 언젠가

문화인 시집

들꽃

## | 자서 |

늦깎이로 들어선 길, 살아가며 찾아 하나씩 손안에 쥐게 된 질서, 그들을 시로 풀어놓고 싶었다.

시를 쓰는 일이 나에겐, 삶의 깨우침의 자리였으며, 타인과의 소통의 자리였고, 또 나의 삶을 안내해 주는 좌표가 되기도 하였다.

이러한 글들이 어느덧 하나 둘 서랍에 쌓여 세월을 입고 낡아가고 있었다. 미루고 미루다 그래도 한 번 정리해보고 싶은 마음에 책으로 꾸며보기로 하였다.

많이 어수룩하고 많이 낡은 표현이 되어서 지루하기도 할것 같아 죄송한 마음이다. 아직 철없고, 많이 헤매고, 많이 흔들리고, 많이 모른다.

그러나 어느 때는 많이 알며 철든다는 것이 슬퍼지기도 하며, 향수처럼 유년의 밝은 웃음이 그리워지기도 한다.

뜨거운 여름날의 한 줄기 바람처럼 잿빛 콘크리트 속의 초록빛 풀잎처럼, 한 구절의 감동, 한 순간의 통증이라도 있었음 싶다.

그래서 가슴 한 켠 두근거림으로, 싸한 아려옴으로, 문득 돌아보는 흔들림의 시간으로 다가갈 수 있었음 하는 바램이다.

시의 편집에 있어 대개의 경우 색깔에 따라 기준을 두겠지만, 여기서는 독자의 이해를 구하기 위해 시를 만들어갔던 시간의 순서에 따라 구성해보기로 하였다.

그간 도움이 되어주신 여러 분들과 출판사 관계자분들께 감사의 마음을 전하고 싶다.

2013년 가을날에

지은이 문화인

| 언젠가 |

차례



## 제1부 : 눈꽃 축제

## 제2부 : 숲의 초대

| 언젠가 |

## 제3부 : 삶과 죽음은

| 언젠가 |

## 제4부 : 눈 오는 날

제 1 부

# 눈꽃 축제

# 나이 듦

하루의 미학을 배운다

하루의 일상과
하루의 깨어있음과
하루의 기쁨

더불어
하루의 정성

그 하루의 미학을 배운다

# 벽

바람이 아우성치며
숲을 흔들고 있다

온 몸이 바람으로 불어간다
어떻게 살아온 것인가

고래고래 소릴 지른다
발이 터지도록 동동 구른다

소통불능이다
큰 벙어리이다

어디로 갈 것인가
어둠은 서둘러 햇살을 거두고

바람은 바람대로 숲은 숲대로
돌아 앓는다

# 바람

빌딩 꼭대기에서 놀던 바람이
세상을 뒤집을 듯
담벼락에서
종일 소릴 지르고 있다

발길 닿는 대로
맘 길 가는 대로 살아온
긴 여정

아무도 함께 해주지 못하던
거친 결

온 몸이
흙투성이 멍투성이인 채로
그 큰 덩치가
세상이 떠나갈 듯
목 놓아
온종일 엄마를 부르고 있다

# 낙엽

나무들이 휴지를 버렸어

남은 生이 길지 않아
혼자
울다 웃다

밤새도록
눈물 콧물 닦아 놓았어

그러다
두려움 반
설레임 반으로

이마에 손에 흐르는
땀 훔쳐

여기저기 온통 휴지를 던져 놓았어

# 통증

늦가을 오후
코스모스 씨앗을 모으다
찔리다

손톱 끝에 들어와 박히는
날카로운 통증

네가
내 안에 들어와
한 살이 되는
의식

오롯이 내어주는
상처를

통증이 순간에 한 몸으로 마름질해 놓는다

# 민들레 홑씨

두 손으로 고이 받아든
한 목숨

새털보다 가늘게 떨리던
삶의 편린들
모아
모아

눈처럼 하얗게
둥근 달 하나 빚어 놓았다

울고 웃던
그리움이며 미움이며 씁쓸함 같은 것들
모아
모아

구름처럼 가벼이
투명한 우주선 하나 띄워 놓았다

# 길

달팽이처럼 묵묵히
종이집 한 채 지고 왔다

한 알 한 알 바둑알 놓듯
걸음 옮기고 싶었다

흔들림이 일상인 빨래처럼
색을 놓아
공중에 뿌리를 내리고 싶었다

어느 행성에 그리움 풀어놓은
하얀 그림자의 미소 있을까

오늘도 바람에 머리 빗긴 풀잎
총총히 낮은 현의 음계를 넘는다

# 홀씨

손 타면
툭 터지는
까만 봉숭아 씨앗처럼

그리움
설움의 강 흐르는
파란 하늘에

까
까
깍
까마귀 울음꽃씨 까맣게 턴다

# 존재

바람 같은
길의 발자국이다

서둘러 지워지는
끝도 시작도 볼 수도 잡을 수도 없는
천길 수직의
깊이다

애써 두 발을 저어 봐도
아무 것도 발끝에 닿지 않는다
천 겹 어둠의
두께다

## 비 오는 날의 세상

온통 물바다에요
대청소하는 날인데요
하늘이 에이프런을 둘렀어요
오늘 당번이에요
바지도 소매도 접어 올렸고요
구석구석 많이도 쌓어있네요
바람이 살짝 스카프 풀어놓고
휘파람을 불며 달아나요
세제는 넉넉히 뿌렸고요
박박 솔로 문질러요
여기저기 하얗게 거품이 일고
온 동네가 둥둥 뜨기 시작해요
빌딩과 양철지붕 허리선이 없어져요
떠들뱅이 텔레비전이 사라지고요
부엌의 엄마 목소리도 들리지 않아요
툭툭 또르륵
흥겨운 음악이 연주되네요
빗방울들이 손을 잡고 강강술래를 해요

멋진 무도회장이 되었어요
하늘이 땅이 우리가 바람개비로 돌아요
같이 손잡아 보실래요
이마에 땀방울이 맺혀 흘러요
하늘이 물 한 동이 더 뿌리고
말끔히 씻은 세상이 툭툭 물기를 털어요
가지런한 이 드러내며 씩 웃어요
대청소하는 날인데요
온통 물바다에요

# 풀

캔버스에
일필휘지로

손길 닿는 곳마다

초록이 되는
마술

여름이
성급히 들킨

신의
애틋한 속내

아름다운 편애여

# 새들

새들 소리를 들을 수 있다면

지루하다할까
풀잎 질겅질겅
껌 씹으며
우리들처럼

말없는 말로 읽히고 싶었어

욕심일까
낯 설어

오랜만이야
비에 도랑물처럼
거리가 생겼는데

서로 마음을 여는 시간이 필요해
새가 울까

# 눈꽃 축제

지상으로 겨울 여행하던
영혼들 날개 접고 사뿐히
지붕 위에 나무 위에 내려앉아요
분첩으로 바지런히 단장을 하고
창문 활짝 열어 젖혀요
가지마다 눈꽃등 가득 걸고요
깜짝 파티를 열어요
꽃송이들 일제히 폭죽으로 터지고
세상은 눈이 부시도록 하얘요
나무에 뛰어올라 손 흔들며 외쳐요
안녕하세요 어서오세요
당신의 음악이 흘러요
리듬에 몸을 실어 보실래요
보이지 않는다고 우울할 건 없어요
근심하기엔 세상은 너무 아름답고 짧아요
차가운 손 잡아드릴께요
살짝 귀 좀 빌려 주실래요
당신이 왕이에요

# 그 모습

한 생에 주어진 모든 시간을
금 그어본다면

고개 넘어가는 언덕 같은 것
산이 만나는 능선 같은 것
물 불은 강 건너는 징검다리 같은 것 될까

펜으로 그어온 그 만큼이 길이라면
우린 무엇으로 어디쯤 만나게 될까

젊음이란 잠깐 망각하다 깨어나는
잃어버린 선물 같은 것

겹겹이 쌓인 먼지가 시간의 높이를 재고
작은 씨앗의 몸을 덥혀주며
소금처럼 뼈와 근육을 삭혀주기도 하지
하늘 어느 곳도 같은 빛깔은 없어
바람도 자신의 모세혈관을 찾아 숨을 쉬고

나무들은 집을 지으며 끊임없이 계절을 조율해

평생 주어진 시간을 모두 펜으로 금 그어 본다면
그때는 보일까, 그 모습

# 계단

도시의 흥망성쇠와 함께한 세월이었다

어떤 이는 높은 곳을 위해서
어떤 이는 낮은 곳을 향해서
또 어떤 이는 쉼터가 필요해서 온다

절벽이 아니라 절벽을 품어주는 가슴이었고
건널 수 없는 강이 아니라 건네주는 손이었다

수평과 수직이 만나 면과 각을 이루어
점과 점을 이어 공중을 드러내는 선

어떤 이는 수평이 편안하다 하고
어떤 이는 각이 힘들다고 했으며
어떤 이는 수직은 벽이라 했다

90도의 각을 고집하며 면을 이동시키는 질서
수평에 기둥이 되고 수직에 다리이기도 한

처음엔 길을 내기 위해 길을 만들고
후엔 길을 지우기 위해 애써 길을 닦았다

어떤 이는 미소를 남기고 가고
어떤 이는 눈물을 뿌리며 간다

겹겹이 시간의 옷을 껴입고 낡아가지만
지금은 없는 그 발자국들을 기억하고 있다

# 봄

꽃봉오리를 보면 왜 기도하고 싶어질까

꽃색종이 하늘 가득 손톱연으로 날고
뿌옇게 분칠한 나무들 수선스레
색색의 꽃핀 골라 머리 꽂으며
살짝살짝 웃음 뿌린다
꽃잎손 건네주며 향기 배달하던 바람은
연신 신이나 한쪽 눈을 찡긋대고,

무엇일까
온 세상이 법석이는
이 수상한 분위기는
모두 한 패로 유혹하고 있는데

무얼까
나만 혼자 남아 있고

꽃잎들이 자지러진다

까닭도 모르고 끌리듯 눈길 같은 꽃길을 간다

# 민들레 집

빌딩과 빌딩 사이 골목
크레용 줄그은 실금 같은 곳

시멘트 블록과 블록 틈이
쇠비름 질경이 괭이밥 이웃하며
달팽이 지렁이 쥐며느리 찾아주는
키 작은 민들레 집이에요

빗방울 하나에 온통 물에 잠기고
지나는 발에도 천둥이 치고 땅이 갈라져요

나뭇잎 찾아와 지붕을 덮는 날이면
몇날 며칠 밤이 계속 되지요

눈송이 몇 개만 있어도 온 세상이 하얗고
아이들 찾아와 손가락으로 간질이는
어릴 적 동무들 뛰놀던
그리운 우리 동네 골목길 같은 곳

잿빛 시멘트 블록과 블록 사이
연필 줄그은 실낱같은 그 곳에
내 친구 노란 꼬마 민들레가 살아요

# 눈 오는 날 · 1

캄캄해, 색들이 모두 사라졌어
색칠놀이 하던 햇빛이, 팔레트 꽝 닫아버렸나봐

구름에 벌렁 드러눕던 바람이 씽긋 웃으며
민들레 홀씨 하나 뽑아, 훅 불었어

와우! 하늘 가득 하얀 꼬마 깃털들의 행진

세상이 막 알에서 깨어 뽀오얀 아기 새가되었네
날개 활짝 펴고 꿈꾸는 세상 어디론가 날아갈 것 같아

쉿- , 빨강 고추 검정 숯 액막이 줄을 둘러놓았어
오늘은 그냥 모두 가만 가만 사랑만 하기

# 게임머

만약,
평생 삶에 애틋이 이름 붙여온 모든 것들이
특별한 의미가 있는 게 아니라면
사랑하며 소리 높여 불러준 열정들이 모두
반칙이며
손가락 하나하나 꾹꾹 다져온 나의 침실이
허방이라면

정말 만약,
늘 익숙한 주먹보다 가벼이 펴는 손의 무게가
실체이고
빛이 주춤하는 한낮 정적의 진공 같은 침묵이
진실이며
늘어나기만 하던 고무줄 끊긴 자리 같은 산술이
시간이라면
그리하여 평생 내지른 소리 모두 서성이는
바람 가슴 한 켠이 쉴 자리라면

# 나의 삶은 완패인 것인가

제 2 부

# 숲의 초대

# 언젠가

돌아보면
눈물 왈칵 쏟아지는 시간들이 있어
젊음을 받쳐주던 기둥들 하나씩
소리 없이 세월에 낡아
짧아진 다리로 절룩이고

나이듦만으로도 때론 죄일 것 같아
그리움도 내려놓고
아름다운 기억마저도 풀어놓아야 해

밤새 집이 뚝 뚝 숨죽여 앓고
뼈의 구멍마다 눈물의 기억들이 가득해
꽃잎들 무더기로 떨어지는 소리
부산히 나비들 날개 부비는 소리
어둠이 뒤척이다 땀에 흠뻑 젖는 소리

외발자전거로도 날아올라야해
비틀대고 넘어지고 엎어질지라도

어둠 속 부릅뜬 두 눈의 번득임 모아
밟고 부수고 뼈 속까지 가벼워져

이륙하는 새들의 날개 풀어놓으며
희망의 벅찬 표적으로 힘껏 차고 올라야해
언젠가 언젠가는

# 하루

하루가 펼쳤던 난전을 접는다
어둠을 물고 새들은 빠르게 이동하고
요란스런 소리들 성급히 무대를 떠난다

챙기지 못한 한숨과 웃음소리 뒹굴고
마지막 전구의 스위치가 내려지면
오늘을 톡톡 털며 채질을 한다

언제나 쉽지만은 않다
감정에 몰입하다보면
흔히 전문을 읽어내지 못 한다
어둠이 누워 뚝뚝 관절을 푸는 소리
이부자락 부스럭대는 바람의 소리

몇 개의 품목은 눈물과 바꿔 놓고
몇 개의 품목은 웃음과 바꿔 놓는다

내일은 좀 더 일찍이 막이 오를 것이다

시나리오는 완벽하다
얼마만큼의 기량을 다할지는 항상 미지수다

사랑하고 싶은 자 사랑할 것이고
눈물 흘리고 싶은 자 눈물 흘릴 것이며
기억하고 싶은 자 기억할 것이다

꿈꾸듯 얼굴에 이슬 같은 미소 흐르고
곧 새들 소리에 아침은 눈을 뜰 것이다

# 숲의 초대

숲으로 와보실래요
열 지어 나무들 경례하고
새들의 노래 팡파르로 울려요
바람이 지휘자고요
햇살은 관객으로 초대되어
삭정이들 옆에 자리 잡아요
포동포동 살 오른 숲이
일제히 일어나 살사 춤을 추고요
품을 다 내준 하늘은 저만큼 물러나
박수 치며 웃고 있어요
어제 내린 비에 숲은
욕조에서 막 나온 새악시 같아요
지친 발 올려 놓아보아요
머리카락으로 베를 삼듯
이파리로 정성껏 카펫을 짜놓았어요
풀이 되고 나무가 되어보세요
숲의 옷장에는 초록색 옷뿐이에요
옷 갈아입으실래요

살짜기 눈감아 보세요

# 어디일까

채우고 채워도 풀어지는
힘겨운 단추처럼
일상이 곧장
헐거이 흘러내린다

때론 喜가
때론 怒가
때론 愛가
때론 또 樂이

들과 산 바다 위에
그림자 낮게 드리우다

아지랑이보다
그림자보다 더욱
가벼운 것들이 되어

지상에 떠서

가는 곳 어디일까
어딜까

# 정

천년 세월
함께 흘러갈 수 있는
緣이 있어

실바람으로
폭우로
갈잎으로
흐르다

머물러
한세월 함께 접히는
面일거야
情이라는 거

책갈피의 꽃잎처럼
기억은
흔들리며 마르고

# 레이서

하늘에
매듭 묶어

풀잎으로 걸쳐놓고

머물다
바람과 햇살에
낡아

고무줄처럼 튕겨

되가는
질주

누구도
되돌아 갈 수 없는

누구도

빠져나갈 수 없는

폭력의 레이스

# 종이비행기

세상 한 폭
뚝 떼어
접어

종이비행기 만들어
하늘에 던진다

춤이 되지 못한 이별이나
노래가 되지 못한 슬픔
신명이 되지 못한 한숨들을

고이
접어
허공에 날려 보낸다

산 넘고
강 건너
그 이름 자유를 소리쳐 부르게 한다

# 잔디

훙건한 풀 비린내
머리 깍는 날

출렁이는
초록바다
향기에 어지러워라

빠져
흠뻑 초록 물들어

하루 한 낮
마냥

풀잎이어도 좋아라

# 꿈

바람에 묻어 왔을까
하얀 비둘기 떼

두터운 어둠 밀며
조심스레
새벽을 연다

설원을 향한
소리 없는 발자국

어떻게 그들을 풀어 놓을까

# 비

하늘에서
땅까지

띠를 잇는다

눈물로
울다

눈물로
손 잡아주며

땅에서
하늘까지

눈물의 띠를 잇는다

# 풀과 바람

바람과 풀의 춤이
꽃이 되고 열매가 되기까지

풀은 수천 번
무릎 꿇으며
곡선을 만들었고
바람은 수만번 더
키를 재며
풀의 선율을 몸에 익혔다

다듬이처럼
펴고 쓰다듬고 어루만지기를
또 수 계절
눈길 손길 모여
누구도 모르게
물레에 감기는 춤이 되었다

그 춤이 꽃이며 열매가 되기까지

# 비상사태

막이 뚫렸다
피가 홍건하다

너무 깊이 개입되었다
나는 너에게
너는 나에게

마지막 보폭은
확보되어야 한다

생존을 위해서
우리들의 마지막 자존을 위해서

# 봄 · 2

너무 두터이 덮었나

겨우내
풀뿌리로 견디어온
시린 한기

연초록 이파리
흙 다 밀어 올릴 때까지

성급한 봄은 기다려줄까

# 매미

여름의 한낮이
매미소리로 있다

십년 엮은 새끼줄로
꽁꽁 묶어 놓고

소리들 모두 쥐고
길들이고 있다

짧은 세상
살아가는 동안

소리가 무엇인가를
몸소 보여주듯

한 순간에
공중을 회전하면서

침묵의 패를
깊숙이 던진다

# 희고 검다는 것

검고
하얗고
하야스름 하고

누군가
무엇인가
세상을
요람처럼 흔들고 있어

조금 정을 주고
조금 미움을 주고
조금 그리움을 남긴다

누구도 한 곳에
머무르기가 쉽지 않아
누구도 한 점을
고집하기가 쉽지 않아

조금씩 머뭇거리며
조금씩 흔들리며
조각배처럼 길을 간다

# 하늘 바다 안개와 비

처음 바다가 하늘 아래 살기 시작하였을 때
하늘과 바다는 그저 높고 낮은 이웃이었다

때때로 눈 내리고 폭풍우 치던 밤 지나고
새들 날아와 둥지를 틀기 시작하면서부터

마주보고 부대끼며 살아가는 동안
언제부터인가 조금씩 닮아가고 있었다

바다는 하늘을 따라 출렁이고
하늘은 바다를 좇아 일어서며
몸 부비다 부딪치다 조금씩 서로 섞여들고 있었다

마술처럼 어느 날 목화 꽃 송이송이 피어올라
하늘을 지우려다 바다를 지우려다
길게 누운 수평선을 말끔히 지워낸 후
마침내 하늘과 바다를 한 몸으로 그려놓았다

그날 어데서 오는지도 모르는 빗방울이
그득히 볼을 타고 흘러내리며
한 마음으로 출렁이는 하늘과 바다와 동행하고 있었다

# 까치의 풍경

계절 내내 공중에 별처럼 떠서 까치는 그네를 타는 것도 춤을 추는 것도 아니면서 억척스레 높은 곳을 고집하고 있다 작고 검은 점으로 부지런히 부호를 타전하며 지상과 팽팽한 평형을 잡는다 배고픔도 그리움도 잠시 날개 밑에 묻고 움켜쥔 두 발의 긴장을 놓지 않고 한 곳을 응시한다 길에 닿기까지 더듬어온 수많은 어둠의 무게가 공중을 떠받치고 있다 어느 것 하나 내려놓을 수 없었던 길들 그 길들의 속내를 알기까지의 질기던 통증들이 푸른 깃발로 흩날리며 풍경이 된다

잠시 목을 축이던 까치는 골똘히 생각에 잠기다 곧바로 나무 끝에 올라 새벽부터 밤까지 깍깍 해독되지 않은 울음을 울고 있다

# 나비의 약속

풀기 없는 창호지처럼
날개가 너덜거린다
꽃잎날개 메어달고
비 바람에 젖고 흔들리며
되짚어 온 수많은 길들
새끼손가락 걸었던
그 날의 약속이었다
희미한 기억 넘어
속삭이던 한줄기 빛이었다
몇 계절이었던가
절망하며 일어서며
더듬 더듬 걸어온 길들

날개 펼치어
살포시 꽃잎에 대어본다
활자들이 무더기로 쏟아져 내린다
백 송이 장미가 하얗게 피어난다

# 바람의 노래

자벌레처럼
몸 옮겨
걸음 내 딛는다

팔 둘러
보폭을 맞추어
밀고
당기고
물살을 이뤄

발자국과 발자국으로
촘촘히 채워
각 없는 흐름이 되어

꽃가루 옮기고
꽃봉오리 빚어
꽃씨를 키워

계절이 끝나기 전
노동을 쉬이고
초록을 맘껏 춤추게 하리라

제 3 부

# 삶과 죽음은

# 호각소리

바람인줄 알았어
다가가고 싶어 애타게 부르는

구름인줄 알았어
먼 길 가다 잠시 쉬며 읊조리는

그러다 들었어
끊일 듯 이어지는 한숨 같은 소리

찾고 찾아 헤매이다
외쳐 부르는 흐느낌 같은 그 소리

가도 가도 시리운 세상
호각피리 불어
여기저기 동심원 그려놓고

애써 나에게 닿으려 하고 있었던 거야

# 숨바꼭질

가랑잎도 풀벌레도 빗방울도
아니었다

보이지도 대답도 없이 찾아다니는
나는 늘 술래였다

언제부턴가
술래는 도망자가 되었고
끝도 없이 쫓기었다
두려움에 더 이상 도망치지 못하고
마지막이라 여긴
순간

숨어
문틈으로 본 세상
밖에는

사나움도 두려움도 슬픔도 기쁨도 아닌

복사꽃 둥근 얼굴 한 사람
부처 같은 이

말그라니
나를 바라보고 있었다

# 삶과 죽음은

삶과 죽음은
빙산처럼
생명의 바다 위에 떠서

삶은 죽음을 무등 타고
죽음은 삶에 걸터앉아

엎어지고 뒤집어지며
샴쌍둥이 한 몸으로 있다

더러는 조각배로
더러는 풀잎으로
더러는 구름으로

만났다 헤어지고
헤어졌다 만나며

파도 벗 삼아

철썩 철썩 노 저어 가고 있다

# 무심

물을 마시다
무심코 뭔가 씹혔다
입안에 향이 가득 고이고
빙그레 웃음이 난다

순간
벌레라면

소름이 쫙 끼쳤다
뛰고 게우고 핼쑥해져
작은 미물에 온통 뒤집힌다

수인처럼
좋고 싫은 경계에 항상
갇혀 살아왔구나

한 생각 바꾸면 보인다던데
큰 철이 들기엔

## 돌아 갈 길이 참으로 멀다

# 중력

침을
뱉었다
벌처럼
날다
제 무게에
키만큼도
못 가
낙하한다

반경을 벗어나지 못하고
언어 조각들이 떨어진다

무성히 이파리 피워
꼬리 잡고
제 그림자로 돌다
쇠락하며

마음 가운데

한

점

中心으로 떨어진다

# 먼지의 좌표

인연의 심연에
먼지가 항해하는 속도로
시간은 흘러

생명은 한 바퀴 돌아
꽃이 되고
또 한 바퀴 돌아
새가 되는 것이리

어디에선가
인연 하나 비워놓은
들썩이는 파도에 몸을 싣고

네가 지난 자리를
나는 오늘 꿈꾸며 걷는다

우리의 사랑과 이별이
서럽게 흘린 눈물이

별처럼 햇살에 떠서
더듬더듬 몸을 섞고 있다

먼지는 먼지의 보폭으로
너와 나를 안고
세월을 안고
어느 한 점 좌표를 지나고 있는가

# 밤 별들의 합창

시멘트와 시멘트 틈에 기대 선
민들레나 강아지풀은 아이들의 눈을 닮아 있다

어둠이 하늘에 화려한 색의 퍼레이드를 펼치면
마천루와 관공서 빌딩 불들은 일제히 꺼지고
달이 무색한 눈부신 교실 불빛은 밤을 지키는 파수꾼이 된다

새벽을 깨우는 아이들 발자국들은 탐욕스런 사각의 입으로 삼켜지고
자정 전까지 앉은뱅이책상에서 풀려나긴 쉽지 않다
무채색은 무채색끼리 바람으로 몰려다니며
닿는 곳마다 놀이를 만들고 구름을 피우고
유채색은 유채색끼리 모여 목소리를 높이지만
곧 노란 수세미꽃 오이꽃 벽에 가득 그려놓는다

종소리에 짧은 휴식을 간식처럼 받아들고
함성을 폭죽으로 쏘아 어둠을 대낮처럼 밝혀놓고

트랙을 달리고 덩크슛을 넣으며 골망을 뒤 흔든다
이미 침묵을 너무 많이 알아버린 아이들이지만
어둠을 다루는 능숙한 기술을 터득하고
쌈지돈 같은 꽃씨를 가슴속 깊이 키우고 있다

긴 사이렌 소리는 재빠르게 어둠속 길을 만들고
재잘대는 얘기들 솜구름으로 피어 흐르다
웅크린 외눈박이 차들에 아이들 하나 둘 사라지면
텅 빈 운동장엔 찢어진 날개가 만국기로 펄럭인다

새벽이 오면 눈물이 침묵을 먼저 배운 아이들
밤새 기운 날개 찾아 힘차게 어깨에 두를 것이다
삶의 무게로 굳은 살 박힌 등은 휘어가지만
일제히 꽃 피어 꽃밭 만들고 행복은 빠르게 전염될 것이다

# 시계

거침없이 달리기만 하던
시계가 누웠다
다리의 힘이 풀리고
生을 감아오던 길들을 부려놓았다
어디에 있는 것인가
쌓인 슬픔이 곡선이 되지 못하던 밤
그의 마지막 독백은 낙엽의 춤이 되었다
맞물린 꿈과 노동의 톱니바퀴에서
정밀한 속도를 놓친 것이리라
벽을 꾸미는 호화로운 장식이거나
반짝이는 부와 힘의 미래였다
사는 동안 깃발로 휘날렸을
화려한 수식어들이 만장으로 따른다
시간이라는 성역의 이름으로도
지워지는 꿈의 무게가 버거웠던 것인가
일상을 놓친 시간이 폭죽으로 터지던 밤
생을 촘촘히 수 놓았을 길들이
엉겅퀴 꽃잎으로 흩어지고 있었다

# 가을 엽서

풍경이 굳어있다
누군가 울적해하고 있다
떠나가는 것들은 같은 눈빛을 하는 걸까
마냥 부풀어 오르던 나무들 눈빛이 젖어있다

누군가는 이별을 먼저 알고 있으리
펄펄 뛰던 햇살은 말을 잃고
푸른 깃발로 펄럭이던 나무들
서랍 온통 쏟아놓고
하나 둘 버리며 정리하고 있다

살아온 만큼씩만 이별해야지
살아갈 만큼씩만 꿈을 꾸어야지
뜨거운 열정 구부려 안고 가는 길 쉬우리

계절 하나가 뚜벅뚜벅 지나가고 있다
비가 되지 못한 눈물은 바람에 젖고
매일 이별하는 태양도 눈빛 더욱 붉다

어디쯤에선가 우리의 계절이 뚝뚝 앓고 있다

# 뭇별들의 합성

초록 손가락들
계절 내내
피아노 치듯

기쁨과 서러움 두드려
빨갛고 노란 별들
지상 가득 걸어놓았다

빠르게 덧칠하는 햇살에
농익는 과즙 향기

서둘러 별들의
깨끼옷 마름하고 있다

한 올 한 올 춤을 입히고
가락을 세우고
바람을 덧대

마지막 속살마저
익어갈 즈음

뭇별들 일제히 일어서
강강술래로 휘돌아 간다

# 유혹

까치 한 마리
살그머니

초록에
숨어

토실히 살 오른
아카시아 꽃잎

똑 똑
따고 있다

우유 빛
꽃향기
실비로 내려

또르르
풀잎에 구른다

# 백연

둥근달 까만 하늘에 꽂이었습니다

꽂이고 싶어 달처럼 꽂이고 싶어
지상의 기도 하나 남몰래
가슴에 안았습니다

그리움과 기다림으로
가슴은 닳아 하얘지고

넘어지고 쓰러지며 흘린 눈물
한 해 또 한 해
어느새 소沼를 이루고

바람이었을까 손길이었을까
가슴 닮은 순백의 꽃 띄워 놓았습니다

둥근 달 벙글더니
어느 한 날 무더기로 피어

지상 가득 하얗게 비추고 있었습니다

# 먼지

먼지는 무게 없는 무게로
계절보다 먼저 세월을 넘고

홀연히 자취 없이 다가와
추억보다 먼저 그리움을 헨다

얽힌 실타래처럼 여울져 온
뜨락을 한 가닥 휘어잡고

꽃바람 타고
한바탕 놀아 볼까나

지우지 못한 그리움이며 서러움들
천지간 향불로 살라놓고
덩더꿍 덩더꿍 휘돌아 볼까나

먼지는 먼지의 속도로
다시 떠나가고 있다

무엇을 찾아
혼적 없는 흔적으로 떠나고 있는가

# 풀

세상에 한 점 작은
숨 구멍이었습니다

한없이 펄럭이는
겹겹의 날개였습니다

하늘로 힘껏 날아오르는
종이 연이었습니다

평생 거역하지 못하던
바람의 춤이었습니다

수없이 점찍어 타전하며
안테나로 흔들렸습니다

아리던 아픔과 흔들림들
무얼 향한 그리움이었을까요

따뜻한 바람 버석이며
여기저기 들추어댑니다

풀의 춤들 일제히 일어서
푸르게 푸르게 들녘을 채워갑니다

# 거미줄

네가 지난
줄 하나와

내가 지난
줄 하나가

엉켜있다

교차하지 않고
만들어지는 집이 어디 있으랴

그렇게 얽혀
매듭 묶어

바람도 쉬어 가고
눈물도 쉬어 가는

우리 삶을 짓는가

# 읽기

내가 세상의 많은 사람들의 삶이
궁금하여 책을 읽듯이

어느 곳에선가 누군가는
나를 읽고 있을 것 같아

때론 눈물 글썽이고
때론 박장대소하며
때론 추임새도 넣어가며

그를 읽고 싶다
각본을 짜고
리허설도 하며
아이처럼 놀다가

어느 날 빗방울 던져 깨우는
그를 만나게 되거든
바람의 풀꽃 같은 웃음

나도 그에게 배시시 웃어주고도 싶다

# 산이더라

산은 보면
사람이 산이더라
계절을 넘어오고 계절을 넘어가는
산이더라

물은 보면
사람이 물이더라
파도 쳐 밀려오고 파도 쳐 밀려가는
물이더라

모두 산이더라
모두 물이더라

흐느끼며 절망하며 흘러오고
흔들리며 환호하며 흘러가는

한 순간
함께 흐르는

모두 물결이더라

# 어떻게

폭주족처럼 천지를 뒤흔들 듯
천길 절벽으로 치닫는다
옆도 뒤도 돌아보지 않고 달려와
소리 없이 무더기로 뛰어내린다

무엇일까
비밀한 소리조차 들리지 않는
절벽너머 저 내밀한 허방은
누구도 말려주는 이 없고
누구도 잡아주는 이 없는
캄캄한 이 광란의 점프의 끝은

어처구니없게도
누군가에 의해 이미 저장된
계획된 프로그램이라면
선택의 여지가 조금도 없는
그저 모두 가야 할
출구없는 길이라면

어떻게 이를 풀어내어야 하나

# 무지

낫 놓고 기억자도 모르는
까막눈일까

말해줘도 뜻도 모르는
철부지이고

겁 없이 뛰어놀기만 하는
망나니일지도 모르지

두터운 책도 풀지 못하는
비밀한 미스테리

요란한 역사도
묵묵히 침묵하는

삶
그 너머

있을 뜻에 대한

# 눈

땅에 처음 발을 내딛는 순간
첫 이야기는 울음이었으리

허방에 던진 몸과
끝없이 추락하던 어두움
길고 긴 기다림의 외줄을 타고
멀리도 달려온 길

누구에게는 춤이었으며
누구에게는 노래였으며
누구에게는 한없는 두려움이었으리

실 뼈 하나도 고집하지 않고
물처럼 흘러
몸 위에 몸을 뉘여

풀잎이 되고
나무가 되고

가슴 벅찬 들녘이 되는 조우

새들도 울지 않는다
눈물 같은 물방울 몇 점 남기고
떠나가는
혈육 같은 인연이여

제 4 부

# 눈 오는 날

# 눈 오는 날

지난 봄 떠나갔던
하얀 나비들이
썰매를 몰고 무더기로 달려오는가

소리 없는 박수갈채 속에
삶은 마법처럼 멈춰지고

연극의 막간인 듯
한 가지 색깔
한 가지 표정
한 가지 얼굴을 하고 있다

어느 쪽에 발을 들여 놓을까
연극 같은 삶을 살아
삶 같은 연극을 살아
누구의 손을 들어줘야 할까

눈은 내리며

빠르게 깊이를 이루고
숲에 든 객 묵묵히 하얀 겨울나무로 있다

# 겨울 숲

산에 든다
하얀 숲이
쑥덕대고 있다

강아지풀 쑥부쟁이 밤나무 갈참나무
몰래 숨어
숨바꼭질 하는데

괜스레
여기저기 발자국 찍으며
어지럽히다
성이 안차

도화지 같은 눈 위에
벌떡 누워
도장 하나 꾸욱 찍고서

씩 웃으며

돌아서 온다

# 거미

먼지인 듯
한 가닥 실에 매달려

무한창공에 몸 던져
번지점프

수평을 잡고
각을 세우고

바람도 잡아두지 말자
햇살도 메어두지 말자

주는 만큼만
공중에 펼쳐놓고

한 치 오차도 없이
있는 듯 없는 듯

칼날 같은
길 위에 선다

# 처음 바람이

숲이 거북이처럼 흔들리고 있다

바람이라 여겼어
나무의 가슴을 실팍하게 키우는 건
햇살을 커튼처럼 두르고
폭풍우 몰아오고 숲을 호령할 때
그 계절 숲은 무럭무럭 자랐지

그러다 알았어
숲이 바람을 키우고 있다는 것을
나무들 조그만 품과 품으로
다독인 만큼만큼씩 바람 키우고 있음을

이파리들 정성껏 불어낸 숨결이며
등줄기에 흐르던 수액의 가녀린 속삭임
하루에도 몇 번씩 바뀌는 생각의 출렁임들이
사라지는 아지랑이인 줄 알았는데
살이 되고 뼈가 되고 있었나봐

스스로 쳐놓은 사각의 링처럼
이 귀퉁이 저 귀퉁이 부딪치며 아파하며
어느 새 몸도 맘도 훌쩍 자라
온 몸 흔들며 소리치며
나에게 불어오고 있는
큰 바람이 되었던 거야

# 겨울 숲의 노래

온 세상 눈송이들
떠나간 이파리의 춤이어라

반은 흙에
반은 하늘에
몸을 묻은 까닭으로
눈물이 많았던 시간들

꽃이 떠난다
열매가 떠난다
꼭꼭 여민 기다림마저 풀어놓거라

구부정 뼈만 남은 몸은
들녘 댓바람에 홀로 섰고

잊혀진 풀의 노래들
하얗게 숲에 흐른다

웅크린 숲의 어깨가 소리없이 들썩인다

# 이 생

가고 오는 낮과 밤 같이
돌고 도는 바람개비 같이

이 생과 저 생이 한데 묶여
서로 마주보며 돌다가

소나무 가지에 앉은 연처럼
달에 걸린 조각구름처럼

이쪽 세상에 발 하나
살포시 들여놓은 생이

땀과 눈물과 아쉬움으로
피륙 한 벌 홍건히 적셔두고

지구별의 한 숨에 실려
흘러왔다 흘러가는가

# 겨울나무

계절 끝에 선 겨울나무
마른 손으로 이파리들 토닥이고 있다

모두 다 떠나버린 늦은 시간이어도
서로 몸 비비며 노래 부르고 있다

삶을 위해선 한 점의 눈물
한 알의 허기마저 거두어야 하리

내 몸은 너의 무덤이 되리니
넌 나의 생명이 되려므나

밤 별들 날개 접으며 하나 둘
시린 추억 속으로 떠나가는데

어린 시절의 기차놀이처럼
한 아름 반경의 삶이 피고 지며 돈다

# 이름의 오류

내 이름 석자 궁금하여
노트에 써보고 거울에 비춰보고
길을 찾아 나서도 알 수가 없어
잊고 살기로 했네

국가란 이름으로 사람들이 죽어가고
지역이란 이름으로 금을 긋고
가족이라는 이름으로 벽을 높이 세우며
나라는 이름으로 너를 밀어내고 있는 걸 알았네

처음 이름이 없던 이 세상엔
생명과 무생명의 이름도 없었겠지
태양과 지구란 이름도 없었겠고
종교와 국가란 이름도 없었겠고
삶과 죽음의 다름도 없었겠지

이런 세상에 이름은 무엇이었을까
태양을 보면 태양이 되고

초록 나무를 보면 초록 나무가 되고
하얀 눈을 보면 하얀 눈이 되고
흐르는 강을 보면 강이 되어 흐르고

그래서 하늘도 하나고 국가도 하나고
집도 하나고 너와 나도 하나고
그러고 보면 이브의 사과는 이름일 수도 있겠네

# 겨울 숲

마른 이파리 두드려
인경소리를 알린다
숲은 깊은 침묵에 들고
극소의 발우공양만 허용되는
한 해 한 차례 100일 면벽수련
한 치의 망상도 허용해선 안 된다
한 올의 허욕도 남겨선 안 된다
큰 나무 작은 나무 모두
꽃피웠던 이야기들을 내려놓는다
네 땀 내 땀 네 눈물 내 눈물
모두 내려 섞어놓고
서리발선 한기로 집착을 끊고 있다
쑥대처럼 무성하던 삿된 거짓을
하나하나 걸러내고 있다
뚝뚝 썩은 가지 잘라내는
날카로운 죽비소리 숲을 가르고
나이테를 휘감으며 겨울 숲은
안으로 안으로 깊어만 간다

# 소유

빠른 물살이 두려웠던 게야

붙잡아 둬야했어
쓸려가지 않기 위해
나를 묶으려니 모두 떠나가 버려
너를 묶어두기로 했어

이중 삼중의 안전장치가 필요했지
사랑으로 묶고 자식으로 묶고 꿈으로 묶고
고리 고리 만들어 묶고 또 묶었지

온 힘을 다 했어
바로 손 안에 쥔 듯 기뻤지
행복이 함빡 웃음 짓는 듯 했어

두려움 피해 온 것 같았는데
요술처럼 매듭이 다 풀어지고

문득, 삶의 끝 언저리야

# 하늘의 눈에는 꽃이야

하늘의 눈에는 울음이 꽃이야
우리 사는 세상이 꽃밭이야

사탕 입에 가득 물고
엉엉 두발 뻗고 우는 아이 바라보며
빙긋이 미소 짓는 엄마 아빠처럼

하늘의 눈에는 우리네 눈물이 모두
마음이 아릴수록 환하게 피어나는
아름다운 꽃이야

푸른 연잎의 정결함이
흙 닦아준 하늘의 따스한 손길이듯이
찬란한 무지개의 고움이
상처 싸매준 하늘의 애틋한 눈길이듯이

하늘의 눈에는 우리 사는 삶이
마음이 시릴수록 더욱 영롱히 깊어지는

꽃 넝쿨 이리저리 예쁘게 둘러놓고 싶은
사랑스런 꽃밭이야

# 물결이 서성이다

물결이
싫어
서성이다

토하고
체하고
앓아
느리게 흐르다
누워
가늘게 뜬 눈 사이로

먼데 있던 하늘이 뛰어 들어와 캠퍼스 활짝 펼치니
나무가 숲을 이루고 새들이 들떠 목청 높이며 바람이 빙그르르 춤을 춘다

어쩌면 아무도 몰래
한세상 들어와 꽃물결로 출렁이고 있네

# 비의 발자국

봄비가 놀다 성급히 돌아가다
단풍잎 같은 발자국 하나
숲 속에 떨구고 갔다

신이 난 바람들 그 곳에 모여
집을 짓고 울타릴 세우고 숲을 만들어
물을 가두고 새 울음도 집어넣으며
구름 밥을 만들고 살림놀이를 한다
아이들은 풀잎처럼 쑥쑥 자라
벅벅 꿈을 그리며 지우며
덤불처럼 기대어 잠이 들고
쓰다 버린 종이발자국 하나
숲 속에 꾸벅이 졸고 있다

고요한 그 물에 파란 하늘 내려와
식솔들을 챙기고 있다
물방개 솔잎파리 나비날개며
언젠가 무지개로 피어올랐을

눈물방울들 또박또박 챙기고 있다

# 그네들의 집

따스한 손길 하나 남겨두었을까
지친 영혼 잠시 쉬어 갈
풀잎 매트 깔아놓았으리라
돌아서도 보고픈 그리움 있거든
누워 그리다 가도 좋은 것이라고
햇살 밝은 곳에
모 없는 집 한 채 지어놓았으리라
울어도 풀리지 않는 서러움이거든
울다 가도 좋은 것이라고
가다가 넘어져 길 잃을 땐 언제나
길 밝혀주고 싶은 마음에
어둠에도 굴하지 않는
둥근 등대 하나 세워놓았으리라
힘들어도 함께 기대고 살며
이곳은 오면 안 된다는 듯이
단추 하나 꼬옥 채워놓았으리라

# 봄

아스라이 깨금발 딛고
햇살 담장 넘보고 있는
아기 꽃눈
바늘 같은 뾰족 가지에
두 귀 쫑긋 걸어놓고
바람의 속내 엿듣고 있다
숨어있던 개구쟁이 구름 다가와
슬쩍 간지럼 태우다
확 밀치어보다
하얗게 눈가루 뿌려대도
잡은 손 놓지 않고
한 발짝 한 발짝 걸음마하고 있다
씩씩대던 구름 돌아와
한바탕 물총 쏘고 달아난 뒤
울먹울먹 아기 꽃눈
파란 하늘에

앙-

연분홍 울음 터트려 놓았다

# 너에게로 나에게로

동심원을 그린다
어디서 오는지도 모르는데
또 하나의 동심원이 밀려오고
교차하며 날개며 노을을 치장하며
나에게로 물결져 온다

숨을 내쉰다
또 다른 숨이 불어오고
깊어지며 숨길을 열고 구멍을 숨겨
알을 슬고 물고기를 키워
너에게로 폭풍져 간다

춤을 풀어놓고 있다
무엇인지도 모르는데
또 하나의 춤이 날아오고
섞이며 풀씨며 꽃잎의 길이 되어
너에게로 감기는 곡선이 된다

누가 풀무를 돌려 바람을 솟구치게 하는가
베틀에 올라 피륙을 잣아 풀뿌리에 닿고
구름을 영글게 하는가

소리가 흔들린다
어디로 가는지도 모르는데
또 다른 소리가 달려오고
부딪치며 물방울이며 번개를 잉태하며
너에게로 나에게로 소리쳐 오는 우리가 된다

# 빈 집

유리창 틀 귀퉁이
거미줄에 걸어놓은
빈 집
노래인 듯
모기 집 한 채
음표로 흔들리고 있다

바람의 숙소인
습자지보다 얇은
빈 옷
춤인 듯
풀 옷 한 벌
깃발로 나부끼고 있다

꽃샘추위에
추억보다 더 시린
빈 기억
몸부림인 듯

빛바랜 누런 만장으로
바람보다 빠르게 달리고 있다

# 할머니와 풀

풀에게는 흙이 방이야
지팡이 흙에 던져 놓고
흙에 방인 듯 앉아
풀을 메시는 할머니
식솔인 듯 친구인 듯
도란도란 정답게
얘기하고 있다
세월을 주름 접어 건너
해맑은 아이 얼굴로
풀의 마음을 아시는 걸까
늙은이들만 사니 차 한 잔 마시러 와요
할머니 햇살 같은 웃음 옆에
지팡이 꽃으로 피어 있고
하얀 나비 한 마리 살랑살랑
할머니 머리에 앉았다 날았다 놀고 있다

| 작품해설 |

# 시의 무게 혹은 삶의 가치

- 문화인 시집 『언젠가』

**채 수 영** | 시인, 문학평론가

| 작품해설 |

# 시의 무게 혹은 삶의 가치

- 문화인 시집 『언젠가』

**채 수 영** | 시인, 문학평론가

## 1. 시의 무게 찾기

시는 보이지 않고 들릴 수없는 공간으로부터 다가오는 음성일 것이다. 무게가 없어 바람에 실리기도하고 더러는 감당할 수 없는 이름의 행방을 찾아 방황의 그늘을 만들기도 한다. 그러나 시는 항상 있음을 존재로 형해形骸화할 수 있다는 점에서 가치의 정신문제로 귀속된다. 다시 말해서 시는 감동을 줄 수 있을 때 존재가 형성되고 가치로 다가올 때 무게와 울림을 수반하게 된다. 때문에 시는 소용所用의 문제가 아니라 존재를 빛나게 하는 가치의 문제일 때 감동의 그물은 넓게 그리고 모든 것을 수용하는 절차로 돌입한다. 가령 시를 몰라도 잘 살아갈 수 있고 또 시를 몰라도 불편없이 살아 갈 수 있다. 그러나 시에 가치를 부여하는 일은 지성을 갖춘 사람에 의해 발굴되는 보석일 것이다. 개나 짐승은 시를 알 수 없고 또 예술에 아무런 의미가 없다는 뜻과도 같다. 이 점에서 시는 민주적인 의사 소통의 도구는 아닐 수 있다. 왜냐하면 모두가 공유하는 분배의 철학이 아니고 선택적으로 받아들이는 대상이라는 뜻이다.

더구나 좋은 시를 아는 일은 마치 좋은 음식의 맛을 음미하는 사람과 같다면 이와 반대로 기갈飢渴을 채우는 단순 대상으로 전락하는 일이 결코 아니라는 뜻이다 시의 무게를 갖는 일은 선택적인 지성에 의해 빛을 발하는 하늘의 별빛과 같다는 뜻이다. 별의 아름다움을 느끼는 정서와 땅만 바라보는 어둠의 심성과는 차이가 엄존하기 때문이다. 시적 의장意匠을 갖춘 시에는 향기가 난다. 다시 말해서 시로써의 맛을 느끼는 일은 럭셔리하거나 딜리셔스한 고급의 가치를 갖고 있음과 유사하다는 점에서 명품의 조건에 합치된다.

문화인의 시는 그런 인상으로 출발한다. 왜냐하면 작금에 시가 아닌 시들이 횡행하는 문단의 벌판에 향기를 간직한 시를 발견하는 일은 매우 어려운 일이었다. 이제 증명의 길로 들어간다.

## 2. 정서 목록들

### 1) 감각의 체온

시는 언제나 체온을 갖고 있다. 어떤 사람과 조우하는가의 여부에 따라 그 체온은 다르게 접근된다는 점에서 생물이 곧 시가 된다. 가령 어둠에서 읽는 시의 의미 전달과 따스한 때의 시의 체온은 다르게 다가든다. 다시 말해서 시를 수용하는 사람의 성향에 따라 시는 웃기도 하고 울기도 하고 또는 예언의 손짓까지도 마다하지 않는다. 때문에 시인은 시적 창조라는 말을 헌증하기도 한다. 가령 poem이란 말 속에는 '만들다. 행하다' 라는 의미가 함축된 걸고 보면 시의 창조는 가히 생명의 창조에 이른다는 의미일 것 같다. 때문에 좋은 시를 대면하면 홍이 난다.

홍건한 풀 비린내
머리 깎는 날

출렁이는
초록바다
향기에 어지러워라

빠져
흠뻑 초록 물들어

하루 한 낮
마냥

풀잎이어도 좋아라

-「잔디」

인간이 멋있다고 말할 때 그 구체적인 증명은 불가능하다. 왜냐하면 인간의 표현은 한계를 갖고 있고 또 리얼한 상태를 절대로 재현할 수 없다는 뜻이다. 그러나 어딘가 균형을 맞추고 의미의 질서를 갖출 때 바라보는 대상은 아름다움을 구비한 것으로 다가온다. 이와 유사한 것으로는 맛이란 추상명사도 그렇다. 맛 있음과 맛 없음의 차이를 계량화하거나 과학적인 데이터로 나타내는 일은 적어도 미적 대상에서는 불가능함이 옳은 일이다. 시의 경우도 이런 이치에 합당하다. 그러나 어떤 장치의 문제-시론의 내용은 곧 이런 장치의 문제를 말하는 점에서 논리의 근거가 성립된다. 비유나 은유 혹은 상징, 알레고리, 역설, 리듬, 시제,이미지 등등 전부를 열거할 필요는 없다. 적어도 시적 장치를 수용하고 적절히 구사한 경우 그 시는 성공적인 전달을 다할 수 있기 때문이다. '출렁이는/초록바다/향기에 어지러워라//빠져/흠뻑 초록 물들어' 의 묘미는 리듬의 생성과 푸른 색감의 시각적 요소와 향기의 후각적인 요소- 초록 물들어의 색감어의 조화에서 전체 맥락은 생동감을 전달한다. 다시 말해서 낱낱의 개별적인 이미지가 결합하여 전체의 생동감을 유기적으로 전달하는 일은 곧 시인의 재능이거나 재치로 칭찬을 획득한다.

봄비가 놀다 성급히 돌아가다
단풍잎 같은 발자국 하나
숲 속에 떨구고 갔다

신이 난 바람들 그 곳에 모여
집을 짓고 울타릴 세우고 숲을 만들어
물을 가두고 새 울음도 집어넣으며
구름 밥을 만들고 살림놀이를 한다
아이들은 풀잎처럼 쑥쑥 자라
벅벅 꿈을 그리며 지우며
덤불처럼 기대어 잠이 들고
쓰다 버린 종이발자국 하나
숲 속에 꾸벅이 졸고 있다

고요한 그 물에 파란 하늘 내려와
식솔들을 챙기고 있다
물방개 솔잎파리 나비날개며
언젠가 무지개로 피어올랐을
눈물방울들 또박또박 챙기고 있다

-「비의 발자국」

사물을 살아나게 하는 것은 시인의 감수성이 그리는 그림일 것이다. 1연에 시적 에스프리는 가히 재미를 더

한다. 물론 중심 소재는 '비' 이지만 시인의 상상으로 연출하는 그림은 한 방울의 비에서 파생되는 화려한 풍경화의 생동감이다. '발자국' 으로 연상되는 숲 속의 정다움이 신선하고 삽상颯爽한 바람의 숲을 기억하게 되고 이런 정황이 2연에 오면 더욱 질펀한 자연의 모양이 액자 속으로 들어온다. '바람' 은 신명을 돋우면서 집을 짓고 울타리를 세우는 인간의 공간에 체온이 들어간다. 아이들이 소릴 지르며 뛰어놀고 새들의 울음이나 푸른 녹음의 정경이 마치 이상향을 만나게하는 상상의 정점으로 변모한다. 물론 이런 아름다움이 이어지는 것은 3연에 이르면 자연의 청아淸雅함이 더해지는 하늘이 '식솔食率' 이라는 시어를 첨가하여 인간의 땅을 보여주는 기교가 놀람을 준다. 의인擬人의 기교지만 모든 사람이 고대하는 낙원 혹은 그런 땅을 연출하는 문화인의 기교는 상상의 넓이에 가득한 즐거움으로 환치된다. 도시적 혹은 과학적인 메카니즘에 상상력으로 건설하는 생명력은 시의 원시주의에 함축되는 시인의 감수성이 빛난다.

### 2) 연결고리-비와 길

어느 정도 시에 원숙한 시인은 자기 정서의 맥락을 연결하는 장치를 갖는다. 가령 꽃을 이용하는 김춘수나 보오들레르의 조응照應, 알줄 랭보의 견자見者, 말라르메의 무한無限 등은 이런 시적 장치에 속한다. 시인의 뜻을 명

확하게 전달하는 매개체라는 의미에서 바람이나 비 또는 길도 시인의 정서를 이쪽此岸에서 저쪽彼岸으로 이동하는 중간자의 기능을 의미한다. 일종의 변화를 이룩하는 방법이라는 뜻-이승과 저승은 다른 공간이기 때문에 옮겨지는 절차가 따를 것이다.

하늘에서
땅까지

띠를 잇는다

눈물로
울다

눈물로
손 잡아주며

땅에서
하늘까지

눈물의 띠를 잇는다

-「비」

'하늘에서/땅까지' 와 같이 우주 내內의 한계 속에 있는 존재에 띠를 이어주는 역할-비는 그렇게 작동된다. 더불어 하늘과 땅 사이에 비를 뿌려줌으로써 생물들이

호흡하고, 푸르게 변하고, 꽃을 피우고, 열매를 맺게 하고, 존재의 연장을 꽤하는 길이 연결된다. 다시 말해서 비가 내림으로써 지상의 생명체는 비로소 삶의 의미를 연장하는 활동의 공간으로 연출하게 된다. 이 경우 '눈물'의 반복 3번은 비극적인 눈물과는 전혀 다른 이미지가 된다. 일종의 생명수라는 뜻에 가깝기 때문이다.

불가佛家에서는 이승과 저승을 이어주는 배의 기능이 길과 같다. 이동移動의 의미가 전혀 다른 세계로의 진입을 의미하기 때문이다. 「희고 검다는 것」도 백색과 흑색의 중간을 이어주는 공간적인 개념이 존재하고, 이동의 기능을 담당하는 요소가 나타나든 혹은 안 나타나든 옮겨주는 기능이 있기 마련이다. 이것은 길의 개념이 우선한다.

네가 지난
줄 하나와

내가 지난
줄 하나가

엉켜있다

교차하지 않고
만들어지는 집이 어디 있으랴

그렇게 얽혀

매듭 묶어

바람도 쉬어 가고
눈물도 쉬어 가는

우리 삶을 짓는가

-「거미줄」

연결어미 '와' '과' 를 사이에 두고 너와 내가 연결고리를 형성한다. 이는 거미줄의 가로 세로 혹은 기하학적인 균형을 바탕으로 목적의식을 갖는 거미줄은 곧 시인의 뜻을 전달하고 연결하는 고리로서의 기능을 수행한다. 다시 말해서 길=줄이 엉켜서 삶의 이름을 나타낼 수 있는 고리의 역할이 주어지는 거미줄에서 거미(사람)는 생의 중심에 설 수 있는 구체적인 공간으로 설정되어 존재 내의 삶을 이끌어가는 임무가 수행된다. 거미의 존재 공간은 거미줄이 된다면 인간은 우주 내와 같은 개념이 동등하게 이미지화된다. 거미줄과 우주의 '내' 적인 존재-이를 벗어나는 일은 거미나 인간 모두 있을 수 없다.

**3) 바람**

문화인의 시에 상당한 비중을 차지하는 시어가 바람이다. 시인의 의도적이든 아니면 무의식적이든 시어의 일정 빈도의 출현은 심리적으로 시인의 정서와 밀접한

관계 하에 출몰한다.

설사 무의식적으로 출현하는 일이 빈번하면 후에 의식하게 되면서 고정된 간판의 역할을 상징하게 된다. 세상을 움직이는 동력動力으로의 「벽」이나 엄마를 찾아나서는 「바람」의 역할, 길을 상징하는 바람인 「존재」, 바람에 의해 꽃이나 열매로 변형하는 「풀과 바람」, 또는 꽃을 키우고 생동감을 부추기는 「바람의 노래」 등은 시어詩語에 바람이 커다란 역할을 수행한다. 물론 시인이 의도적으로 조종하는 것보다는 무의식의 층에서 솟아나오는 우연성의 암시가 더욱 승勝한 것도 사실이다. 결국 바람이 무의식적으로 출몰하지만 결국은 숫자의 증가는 의도성을 나타내는 결말에 이르게 된다. 의도와 비의도는 시에서 정확하게 분간하는 일이 어렵다는 것은 심리학적인 흐름을 수학적으로 계산할 수는 없기 때문이다.

바람이 아우성치며
숲을 흔들고 있다

온 몸이 바람으로 불어간다
어떻게 살아온 것인가

고래고래 소릴 지른다
발이 터지도록 동동 구른다

소통불능이다

큰 벙어리이다

어디로 갈 것인가
어둠은 서둘러 햇살을 거두고

바람은 바람대로 숲은 숲대로
돌아 앓는다

-「벽」

바람은 벽 속에 갇혀있음을 알고 요동친다. 이는 시인이 우주의 운행을 알든 모르던 그것은 중요한 것이 아니다. 부여받은 생명을 이끌기 위해 바람은 살아있는 인간의 모습으로 변환하여 마치 '살아있음' 처럼 행동하며 요동치고 몸살을 앓는 일이 인간의 모습을 오버랩한다. '고래 고래 소릴 지른다.' 혹은 '발이 터지도록 동동 구른다' 등등의 이유는 소통이 불능이고 큰 벙어리와 같은 상태의 어둠을 벗어나기위한 앓음으로 연출된다.

아픔은 성장을 가져온다. 만약 아픔이 없다면 성숙이나 성장의 뜻은 신에게 압수당한 어휘일 것이기 때문에 이성을 앞세운 인간의 행동은 끊임없이 신의 영역을 넘보는 일을 할 때마다 시련의 고개는 벗어날 길이 없는 아틀라스의 고통이 뒤따른다. 결국 벽은 존재의 한계를 의미하고 이를 벗어나는 일은 인간의 끝 모른 도전의 역사이면서 삶의 펼침에의 장소가 되는 셈이다.

바람과 풀의 춤이
꽃이 되고 열매가 되기까지

풀은 수천 번
무릎 꿇으며
곡선을 만들었고
바람은 수만 번 더
키를 재며
풀의 선율을 몸에 익혔다

다듬이처럼
펴고 쓰다듬고 어루만지기를
또 수 계절
눈실 손길 모여
누구도 모르게
물레에 감기는 춤이 되었다

그 춤이 꽃이며 열매가 되기까지

-「풀과 바람」

바람이 옮겨주는 이동의 메신저는 변화요 변형이다. 바람에 의해 동력을 얻는 풀과 더불어 '꽃이 되고 열매가 되기까지'의 시간이 허여許與하고 여기서 변화의 세계는 문을 열고 인간세계에 얼굴을 내민다.다시 말해서 수천 번 수만 번의 반복 속에서 '곡선'과 '선율'을 익히는 반복의 학습이 결국 풍경으로 연출된다. 1연에 꽃이 되고 열매가 되기까지 이런 수천 번과 수만 번은 꽃을 피우기 위함이고 다시 열매로 돌아가는 원형으로의 귀환을 꿈꾸는 방법이다. 모든 생명은 보존의 원리를 갖는다면 열매는 곧 내일의 꿈을 간직하는 의미이고 상징이다. 왜냐하면 열매가 공기와 수분의 알맞음에서 다시 새로운 싹을 틔우는 반복의 생명이 이어질 것이기 때문이다. 결국 선율과 곡선은 춤이 되었으며 열매로 궁극의 정점을 향하는 이미지가 고정된다. 여기서 바람은 중심이 아니라 보조적이지만 원동력을 갖게하는 중심에너지라는 감춤의 미학이 시적인 의도로 보인다.

발자국과 발자국으로
총총히 채워
각 없는 흐름이 되어

꽃가루 옮기고
꽃봉오리 빚어
꽃씨를 키워

계절이 끝나기 전
노동을 쉬이고
초록을 맘껏 춤추게 하리라

-「바람의 노래」에서

바람은 이동의 이미지이면서 동력動力을 갖게 하는 에너지일 때 업적이 생성되고 위력이 배가될 것이다. '꽃가루 옮기고/꽃봉오리 빚어/꽃씨를 키워' 의 커다란 임무가 완수될 때, 땀흘리는 노동을 쉬고 '초록을 춤추게 하' 는 즐거움이 감상된다. 결국 바람의 노래는 인간의 노래와 같을 때 이심전심의 감동은 이동의 바람따라 즐거움 그것을 만끽하게 된다. 「바람의 노래」에서 가장 큰 동력은 4연에 '옮기고' 와 '빚어' 그리고 '키워' 의 역동성에서 시적인 의도는 이끌림을 받으면서 '춤추게 하리라' 의 소망에 접근되는 양상이 이 시의 키워드인 셈이고 바람의 확실한 표정이 된다.

4) 조화

'오, 우주여 너에게 조화하는 것은 나에게 어울린다' 는 마르크스 아우렐리우스의 말이다. 조화의 조건은 너와 나를 필요로 하고 둘의 관계에서 공통점 혹은 일치점을 발견하는 일에서 부터 조화(harmonization)의 조짐은 시작을 알게된다. 우주의 원리는 대립에서 하나로 통섭 혹은 하나로 결합을 위한 보폭을 갖지만 더러는 균열을 가질 수 있는 요건들이 다양하게 널려 있다. 그러나 둘의 대립에서 시작된 조건은 항상 결합을 위한 모색에서 인간사는 관계 설정이 계산된다. 시에서도 이런 원리는 작동된다면 일체화로 나타나는 조건일 것이다. 시의 요소는 항상 일체화를 염원하는 시인의 정신의 일부를 지칭하는 말이다. 다시 말해서 대상과 대상의 이미지를 하나로 통합하는 일이 일체화의 의무이기 때문이다. 만약 서로 어긋난 이미지의 교차가 된다면 그 시는 파산의 모습일 수밖에 없다. 결국 Identity와 조화의 접점은 시의 중요한 뼈대일 뿐만 아니라 시로서의 가치를 획득하는 요인이 된다.

처음 바다가 하늘 아래 살기 시작하였을 때
하늘과 바다는 그저 높고 낮은 이웃이었다

때때로 눈 내리고 폭풍우 치던 밤 지나고
새들 날아와 둥지를 틀기 시작하면서부터

마주보고 부대끼며 살아가는 동안
언제부터인가 조금씩 닮아가고 있었다

바다는 하늘을 따라 출렁이고
하늘은 바다를 쫓아 일어서며
몸 부비다 부딪치다 조금씩 서로 섞여들고 있었다

마술처럼 어느 날 목화 꽃 송이송이 피어올라
하늘을 지우려다 바다를 지우려다
길게 누운 수평선을 말끔히 지워낸 후
마침내 하늘과 바다를 한 몸으로 그려놓았다

그날 어데서 오는지도 모르는 빗방울이
그득히 볼을 타고 흘러내리며
한 마음으로 출렁이는 하늘과 바다와 동행하고 있었다

-「하늘 바다 안개와 비」

하늘과 바다는 서로 맞닿는 지점에서 하늘이 되고 또 바다의 푸름이 연출된다. 수평선을 이룩하는 것은 하늘과 바다의 소통이 일체화된 결말이기 때문이다. 이런 이치로 바다와 하늘은 한몸으로 환생했고 제 3의 의미를 구비하는 조건을 성숙시키고 있다. '마침내 하늘과 바다를 한 몸으로 그려놓았다' 는 일체의 조건이 성숙되었음을 의미하는 통합의 경지일 것이고 마침내 빗방울과 시인의 마음이 하늘과 바다와 '동행同行' 의 보폭을 이룩하는 제 3의 의미가 생성된다. 비는 바다에서 섞이고 하늘은 바다에서 동행을 이룩하는 시인의 마음은 이미 조화의 공간에서 너도 아니고 나도 아닌 것으로 변화를 감행했다. 너와 나를 구분할 수 없을 때 통합의 경지는 감동과 길을 함께 한다면 문화인의 시는 조화 앞에 서성이는 모습이 보인다.

비는 나를 버리는 헌신에서 주요한 이미지 군을 형성한다. 땅에 스며들면 땅의 이름이 되고 물에 섞이면 물의 속성이 되는 일은 나를 버리고 대상에 헌신하는 일이 될 것이다. 아울러 모든 생명을 키우는 물의 이름인 비는 하늘에서 내려옴으로써 고귀한 의미를 갖고 있으며 지상의 것들에 생동과 발랄을 전달하는 모티브로 소임을 다한다.

온통 물바다에요
대청소하는 날인데요
하늘이 에이프런을 둘렀어요
오늘 당번이에요
바지도 소매도 접어 올렸고요
구석구석 많이도 쌓여있네요
바람이 살짝 스카프 풀어놓고
휘파람을 불며 달아나요
세제는 넉넉히 뿌렸고요
박박 솔로 문질러요
여기저기 하얗게 거품이 일고
온 동네가 둥둥 뜨기 시작해요
빌딩과 양철지붕 허리선이 없어져요
떠들썩이 텔레비전이 사라지고요
부엌의 엄마 목소리도 들리지 않아요
툭툭 또르륵
흥겨운 음악이 연주되네요
빗방울들이 손을 잡고 강강술래를 해요
멋진 무도회장이 되었어요
하늘이 땅이 우리가 바람개비로 돌아요
같이 손잡아 보실래요
이마에 땀방울이 맺혀 흘러요
하늘이 물 한 동이 더 뿌리고
말끔히 씻은 세상이 툭툭 물기를 털어요
가지런한 이 드러내며 씩 웃어요
대청소하는 날인데요
온통 물바다에요

-「비 오는 날의 세상」

비는 세상을 통일하는 에너지를 갖고 있다. 모두를 일체화 시키고 스스로 사라지는 비의 속성은 지상의 생명을 키우면서 희생의 목록을 맨 앞장에 남기는 성질이 있다. 비가 오면 세상은 즐거움에 취하고 메마른 한발旱魃에는 목마른 호소로 하늘은 원망한다. '말끔히 씻은 세상이 툭툭 물기를 털어요/가지런한 이 드러내며 씩 웃어요' 와 같이 홍겨움을 갖고 대청소를 할 때 정화淨化의 모양이 찬란하게 빛난다. 다시 말해서 조화의 경지는 홍겨움이고 깨끗함이고 아름다움이 탄생되는 점에서 궁극의 목표가 될 수 있다.

### 5) 삶의 일상성

존재는 곧 삶의 과정을 지나야 한다. 그 과정에는 희로애락의 요소들이 얽혀 있고 누구도 피할 수 없는 도정道程을 지날 때 비로소 존재의 모습이 나타난다. 또 살아있기 때문에 직면해야 하고 이 필연은 숙명처럼 따라온다. 「나이 듦」이 일어나고 어디에서든 「어디일까」의 위치가 좌표로 설정된다면 「삶과 죽음」의 상반이 대립각을 형성하면서 필연의 인연을 만들면서 살아야 하고 또 무수한 인연의 거미줄을 형성하면서 살아가는 일이 생의 표정일 것이다. 그러나 삶에 지식을 갖고 사는 것이 아니라 살아가면서 지혜를 동원하는 일이 당연하다면

「무지」는 대답의 일환일 것이다. 물론 사람에는 「어떻게」라는 방법에 해답을 구하는 두리번거림이 벗어날 길 없는 삶의 고뇌일 것이다. 항상 맹렬한 속도로 다가오는 일상의 처리는 곧 숙제이자 해답일 수 있지만 누구나 준비를 갖추고 사는 사람은 없을 것이다.

하루가 펼쳤던 난전을 접는다
어둠을 물고 새들은 빠르게 이동하고
요란스런 소리들 성급히 무대를 떠난다

챙기지 못한 한숨과 웃음소리 뒹굴고
마지막 전구의 스위치가 내려지면
오늘을 톡톡 털며 채질을 한다

언제나 쉽지만은 않다
감정에 몰입하다보면
흔히 전문을 읽어내지 못 한다
어둠이 누워 뚝뚝 관절을 푸는 소리
이부자락 부스럭대는 바람의 소리

몇 개의 품목은 눈물과 바꿔 놓고
몇 개의 품목은 웃음과 바꿔 놓는다

내일은 좀 더 일찍이 막이 오를 것이다
시나리오는 완벽하다
얼마만큼의 기량을 다할지는 항상 미지수다

사랑하고 싶은 자 사랑할 것이고

눈물 흘리고 싶은 자 눈물 흘릴 것이며
기억하고 싶은 자 기억할 것이다

꿈꾸듯 얼굴에 이슬 같은 미소 흐르고
곧 새들 소리에 아침은 눈을 뜰 것이다

-「하루」에서

하루가 모아지면 한 달이 되고 다시 한 달은 1년의 이름을 붙이면서 세월이라는 거대한 바퀴를 굴리면서 진행한다. 항상 일정한 속도이라면, 인간은 잠시 앞질러 갈 수도 있지만 결과에서는 세월의 속도에 먹히는 일이 다반사이다. 하루 속에서 사랑하고 기억하고 울고 웃고 또는 자기의 몫을 충실히게 이행하는 사람도 있을 수 있다. 그러나 누구나 종국終局에는 죽음이라는 함정에 빠지는 허우적임이 결과로 나타난다. 이를 운명이니 숙명이니의 명찰을 헌사하지만 결국은 무상이라는 대답이 전부로 돌아온다. 그러나 하루에 충실할 때 삶의 모양은 가치로 돌아설 것이라는 계산-이 평범한 계산은 진리가 된다.

삶과 죽음은
빙산처럼
생명의 바다 위에 떠서

삶은 죽음을 무등 타고

죽음은 삶에 걸터앉아

엎어지고 뒤집어지며
샴쌍둥이 한 몸으로 있다

더러는 조각배로
더러는 풀잎으로
더러는 구름으로

만났다 헤어지고
헤어졌다 만나며

파도 벗 삼아
철썩 철썩 노 저어 가고 있다

-「삶과 죽음은」에서

생활을 원圓이라 표현하면 정확할 것이다. 해와 달 그리고 달과 해 또는 반복의 일상이 하루이고 삶과 죽음이 전체로 보면 해와 달처럼  반복을 진행하는 바퀴일 뿐이기 때문이다.

'흐르다가 맺히고/맺히다가 흐르는' 일이 전부이고 생활일 때, 그 속에서 의미를 창출하고 가치를 골라내는 일이 삶의 모두일 것이다. 결국 왔다 가는 일이 궁극이기 때문에 허무라느니 무상이라는 말로 정리한다. 삶의 대칭에 죽음이 있음을 알기 때문에 열심히 노력하고 자기를 각인刻印하는 노력이 배가된다. 한계를 알고 여기에 대처하는 준비에서 인간은 위대한 설계를 그릴 수 있고 생의 업적을 문명으로 축조한다. 결국 죽음을 알기 때문에 삶을 빛나는 이름으로 그림 그리는 일에 진행형이 될 것이라는 뜻이다. 이점에서 문화인의 사고는 철학적이고 명상적인 깊이로 길을 내려는 노력이 보인다.

## 3. 함축으로의 표정

시는 어조(tone)의 예술이라 말한다. 이는 시인 자신에게 말하는 것보다는 숨기고 감추면서 내면에 진실을 표백하는 뜻을 강화할 때 오히려 시의 명쾌성은 두드러질 수 있다. 이런 무드는 항상 언어의 맥락을 조종하는 기교에 의해 더욱 의미를 추구할 수 있다면 문화인의 시는 시어 기교가 시원하고 조용하면서 깊이가 맛깔스럽다. 특히 에스프리의 깊이에는 지적인 장치가 보이고 또 감수성에의 적당한 의상衣裳을 걸친 모습은 고아古雅함을 부추긴다. 이는 대상과 대상을 길이나 비로 연결하면서 바람의 인도가 시인의 생각을 더욱 구체화시킨다. 조화로운 하모니가 특이하고 일상을 바라보는 시선이 정감을 가지고 있어 안온한 인상을 남긴다. 특히 숲의 어둠에서 빛을 내다보는 안목에는 문화인만의 정서가 한결 조용한 모습이 인상적이다. ▪

시는 어조(tone)의 예술이라 말한다. 이는 시인 자신에게 말하는 것보다는 숨기고 감추면서 내면에 진실을 표백하는 뜻을 강화할 때 오히려 시의 명쾌성은 두드러질 수 있다. 이런 무드는 항상 언어의 맥락을 조종하는 기교에 의해 더욱 의미를 추구할 수 있다면 문화인의 시는 시어 기교가 시원하고 조용하면서 깊이가 맛깔스럽다. 특히 에스프리의 깊이에는 지적인 장치가 보이고 또 감수성에의 적당한 의상衣裳을 걸친 모습은 고아古雅함을 부추긴다. 이는 대상과 대상을 길이나 비로 연결하면서 바람의 인도가 시인의 생각을 더욱 구체화시킨다. 조화로운 하모니가 특이하고 일상을 바라보는 시선이 정감을 가지고 있어 안온한 인상을 남긴다. 특히 숲의 어둠에서 빛을 내다보는 안목에는 문화인만의 정서가 한결 조용한 모습이 인상적이다.

- 채수영 작품해설 중에서

ISBN 978-89-6143-170-5

값 8,000원